MADAME

LA COMTESSE

DE LA GRANDVILLE

Beatus ille qui intelligit super egenum
et pauperem. PS. XXXX. V. 2.

LILLE

TYPOGRAPHIE DE J. LEFORT

RUE CHARLES DE MUYSSART

MDCCCLXVII

Tous droits réservés.

6 septembre 1866.

Il y a un an, presque au moment où le général de Lamoricière terminait sa glorieuse carrière, une âme noble et grande selon le monde et sainte devant Dieu quittait pour toujours les contrées que, durant tant d'années, elle avait enrichies de ses dons et édifiées par ses vertus. Nous signalâmes alors cette perte douloureuse, espérant qu'une plume plus digne que la nôtre ne tarderait pas à assigner à Mme la comtesse de la Grandville la place qui lui appartient, dans cette phalánge de femmes illustres par la naissance, grandes par le cœur et l'intelligence, fortes par le caractère, que la Providence semblait avoir suscitées à la fin du siècle dernier pour apprendre aux générations nouvelles le respect d'un temps qui n'est plus. Mais hélas! le silence s'est fait autour de cette tombe. La reconnaissance des pauvres, les pleurs des malheureux, et l'affection de ceux qu'elle a aimés, seuls ont rendu hommage à cette sainte mémoire. Et pourtant les vertus de ceux qui ne sont plus ne forment-elles pas le plus précieux trésor des générations qui suivent, et n'est-ce pas surtout au souvenir des grands exemples que dans ses moments de défaillance l'âme se relève et se fortifie?

Reportons-nous donc par la pensée au delà de ce triste anniversaire, et quoique impuissant à une si grande tâche, essayons de reproduire ici les principaux traits de cette noble figure, avant que le temps en ait affaibli le souvenir.

I

Fille du marquis de Beauffort, ancien pré-
sident des états d'Artois, et de Léopoldine de
Mérode, Marie-Caroline de Beauffort appartenait
par son père, à l'une de ces illustres familles
aussi anciennes que la gloire de la France,
et auxquelles, malgré tant de services rendus,
la révolution offrait l'échafaud ou l'exil. Par sa
mère, elle tenait à l'antique maison de Mérode,
que nous avons vue de nos jours soutenir si
vaillamment les luttes de la religion et de la
liberté.

Caroline de Beauffort naquit en 1794, à Anvers,
au milieu des tristesses de l'émigration. Elle avait
reçu de Dieu une âme pieuse et compatissante,
une intelligence avide de savoir, un cœur s'ou-
vrant avec transport à tous les sentiments nobles
et généreux. L'honneur, le dévouement et la
fidélité avaient veillé sur son berceau; l'exil et le
malheur furent ses premiers maîtres : il fallait
moins que cela pour former une grande âme.

Après quelques années d'exil supportées avec
ce joyeux oubli de soi-même et cette intrépide
fermeté qui fut un des glorieux caractères de
l'émigration, le marquis de Beauffort revint en
France, et se retira à Nancy, ville où la révolution avait plutôt passé que sévi. Là, au sein
d'une société d'élite, le marquis de Beauffort ne
tarda pas à mériter, par les charmes de son
esprit et les nobles qualités de son cœur, le rang
élevé que dans d'autres temps sa naissance eût
suffi à lui assigner.

Ayant trop connu l'inconstance de la fortune
pour ne pas apprécier au plus haut point l'importance du mérite personnel, il consacra à
l'éducation de sa jeune famille les loisirs et
les talents que la constance de ses convictions
politiques ne lui permettait pas de vouer aux
affaires publiques. Nobles passe-temps que devait couronner le plus heureux succès.

Les dispositions précoces de la jeune Caroline
attirèrent ses soins les plus attentifs. L'esprit est
bien vite éclairé quand c'est l'affection qui
instruit et le cœur qui écoute. Aussi aux leçons
de ce père tendrement aimé, Caroline de Beauffort

ne tarda pas à acquérir les principes de cette instruction solide, qui, unie à la religion, devait être le charme et le soutien de sa vie. A un âge où le plaisir seul a de l'attrait, nulle étude ne lui paraissait trop sérieuse. Les grands hommes de la France et les héros de l'antiquité étaient en quelque sorte sa société habituelle, et c'est sans nul doute au contact de ces mâles exemples que son âme dût de bonne heure cette trempe héroïque et ferme qui s'alliait chez elle à la plus exquise sensibilité.

Mais bientôt le moment vint, où cet esprit si prompt à concevoir eût épuisé les ressources limitées qu'offre l'enseignement privé. Il fallait à cette nature ardente et communicative le mouvement et l'émulation de l'instruction publique. Le marquis de Beauffort le comprit, et quelque douloureuse que fût la séparation, il conduisit sa fille bien-aimée au couvent du Sacré-Cœur d'Amiens, berceau de cet institut célèbre, qui, par la direction chrétienne et forte qu'il a su imprimer à l'éducation des femmes, a contribué d'une manière si puissante au renouvellement des idées religieuses. Ce fut sous la direction personnelle

de la vénérable Mme Barat, fort jeune alors, mais déjà experte dans l'art de former les âmes, que Caroline de Beauffort acquit cette piété ardente et cet enthousiasme du bien, qui devaient être plus tard le principe de si grandes choses.

Il nous reste peu de détails sur ces années passées à l'ombre du sanctuaire. Mais s'il est permis de juger de l'œuvre par les résultats, hâtons-nous de dire que jamais dispositions plus heureuses ne furent fécondées par des soins plus intelligents. A vingt ans Caroline de Beauffort était un modèle accompli de candeur, de savoir et de piété.

Au moment où la jeune élève du Sacré-Cœur quittait pour toujours sa pieuse retraite, de grands événements s'accomplissaient en France : l'empire s'écroulait, et la race royale des Bourbons venait rendre à sa patrie la paix et la liberté. Il nous est difficile, à nous, élevés au milieu des hasards des révolutions, de nous représenter l'enthousiasme qui saisit alors la France. Mais il faudrait n'avoir jamais eu vingt ans pour ne pas comprendre avec quelle ardeur et quelle passion Caroline de Beauffort s'unit à l'ivresse générale. Epanouie aux

beaux jours de 1814, son âme en garda l'ineffa-
çable empreinte.

Lors de son séjour en Lorraine, Monsieur le
comte d'Artois, se faisant l'interprète de l'estime
et du respect publics, avait nommé le marquis
de Beauffort maire de la ville de Nancy. Avec
quelle joie sa fille bien-aimée accueillit cet
hommage rendu à une vie consacrée tout entière
à la pratique des plus hautes vertus! Heureuse
de s'associer aux actes comme aux sentiments
de son père, elle tenait à honneur d'écrire, sous
sa dictée, ces proclamations royalistes, dont les
ardentes expressions étaient alors les fidèles
interprètes de l'enthousiasme national. Dans ses
dernières années, elle se reportait avec bonheur
vers ces jours déjà si loin de nous, elle en re-
traçait les idées et les sentiments avec une ardeur
toute juvénile, et en l'entendant, on sentait que
ses paroles étaient inspirées par un cœur digne
de la vieille France.

Mais bientôt des destinées nouvelles vinrent
s'ouvrir pour Caroline de Beauffort. Le 5 août
1818 elle épousait M. le comte de la Grandville,
dernier rejeton d'une famille noble et opulente

établie depuis plusieurs générations dans la Flandre française. Peu de jours après, la nouvelle mariée partait pour le château de Beaucamps, situé dans les environs de Lille, et qui devait être désormais le lieu de sa résidence. Ce ne fut pas sans quelques regrets que Mme de la Grandville dit adieu aux lieux asiles de son enfance, aux doux rêves de la première jeunesse, à une existence enfin jusqu'alors sans nuages, pour entrer dans la réalité de la vie. Quitter Nancy, c'était se séparer d'une famille tendrement aimée, c'était quitter un père dont elle était l'orgueil et qui, jusqu'alors, avait été l'objet unique de ses affections. Elle partit; mais bientôt sa santé s'altéra d'une manière alarmante, et il lui fallut aller demander une nouvelle vie à des climats plus doux.

Mme de la Grandville se rendit en Italie, et parcourut tour à tour Milan, Florence, Naples et Rome, partageant ses instants, autant du moins que sa santé pouvait le lui permettre, entre les musées, les églises, et la fréquentation de cette société cosmopolite, qui accourait de toutes parts en Italie, heureuse de retrouver, après tant d'orages, un lieu où il fût permis de savourer en paix les jouissances des arts et de s'adonner librement aux travaux de la pensée.

Ceux qui connurent alors la jeune voyageuse ne se lassaient pas d'admirer cette intelligence que rien n'étonnait, cette ardeur chevaleresque pour tout ce qui était noble et grand, ce jugement vif et pénétrant, et cet esprit enfin, qui s'unissait en ce moment chez elle à tant de faiblesse corporelle, qu'en la voyant, on se demandait presque si ces rapides éclairs n'étaient pas les dernières clartés d'une vie qui s'éteint. Mais Dieu, qui réservait cette grande âme pour des œuvres de salut, ne voulut pas qu'elle fût sitôt enlevée à la terre. Le climat de l'Italie exerça sur la santé de Mme de la Grandville une influence salutaire, et après plusieurs mois d'absence, elle revint au château de Beaucamps. Là, une vie sérieuse l'attendait; mais en se retrempant aux sources vivifiantes de la religion et des arts, son âme avait recouvré une vigueur nouvelle.

Bien éloignée de vouloir réformer en rien les habitudes simples et paisibles de sa nouvelle famille, elle se fit un devoir de s'y conformer, ne recherchant d'autre distraction que l'étude

et d'autre satisfaction que le bonheur de ceux
qui l'entouraient. La vie paisible et solitaire
n'est pas d'ailleurs sans charmes ; elle est souvent
la mère des grandes pensées, l'inspiratrice des
grandes œuvres, et toujours la compagne des
études sérieuses.

Mme de la Grandville le comprit ainsi. Son
esprit n'était pas d'ailleurs de ceux que satisfait
la simple apparence des choses. Arts, littérature,
philosophie, théologie même, son intelligence
aspirait à tout connaître et à tout approfondir.
Douée d'une facilité de travail fort rare, ce fut
aux sources mêmes de la science qu'elle alla
puiser la vérité. Elle étudia la religion dans les
écrits des Pères de l'Eglise, et la philosophie dans
ceux de Platon, de Malebranche et de Descartes.
De nombreux extraits tracés de sa main attestent
la profondeur et la variété de ses connaissances.

Quelque goût qu'elle prît aux occupations
sérieuses, cette âme si communicative n'aimait
point les jouissances solitaires. Ce qu'elle res-
sentait débordait bien vite de son cœur. Mme de
la Grandville avait apporté d'Italie toute une
moisson de souvenirs et d'impressions char-

mantes, trésor précieux qu'elle s'était amassé pour les heures de solitude. Craignant que le temps ne refroidît bientôt la vivacité de ses impressions, à peine revenue à Beaucamps, elle se mit au travail, et bientôt, sans négliger ses autres études, elle publia, avec l'aide d'une collaboration quasi filiale, deux volumes de lettres sur l'Italie, dans lesquelles un vif sentiment des arts et une érudition peu commune s'unissent aux pensées les plus religieuses et aux sentiments les plus élevés [1].

C'est ainsi que s'écoulèrent, dans une studieuse retraite, ces premières années de mariage que tant d'autres consacrent aux frivolités et à la dissipation du monde. Mais peu à peu arrivait l'âge où les goûts sont presque des habitudes et où la vie devient ce qu'elle doit rester. Déjà plus d'un souvenir de deuil, plus d'un amer regret avait attristé cette calme existence. En

---

[1] Ces deux volumes ont été réimprimés sous le titre : *Souvenirs de Voyage : la Suisse, le Piémont, l'Italie. — Trente-et-un Exercices pour le Chemin de la Croix. — Lettre à une dame protestante.* Mme de la Grandville a publié aussi un volume de *Pensées.* — *Abrégé de la Doctrine de l'Eglise sur les Sacrements, — Voyage aux Pyrénées.*

1827, Mme de la Grandville avait vu disparaître son père si aimé, et sa mère, anéantie par la douleur, n'avait pas tardé à suivre dans la tombe le guide et le soutien de sa vie.

Sollicitée en sens contraire, Mme de la Grandville voyait deux voies bien diverses s'ouvrir devant elle : d'un côté c'était Paris avec ses séductions et ses fêtes de l'esprit, Paris où l'appelaient ses goûts, sa naissance, sa parenté; de l'autre, la vie de province, vie moins brillante mais plus chrétienne, avec ses amitiés plus sûres, et cette monotonie, stérile peut-être pour les âmes indécises, mais féconde pour qui veut penser et agir.

Entre ses goûts et ses devoirs, Mme de la Grandville n'hésita pas. A travers les séductions de la vie du monde, cette femme profondément chrétienne avait aperçu bien des piéges et bien des écueils; de l'autre part elle vit des sacrifices, mais des sacrifices sanctifiés par le devoir. Son choix ne fut pas long à faire. A partir de ce jour, Mme de la Grandville ne s'appartient plus. Ses études, ses travaux littéraires, qui jusqu'ici ont été l'occupation de sa vie, n'en seront plus que l'ornement. Le bonheur de son époux et de ses siens, les intérêts des pauvres et de la religion, la défense des faibles et des malheureux, seront ses uniques préoccupations.

Dieu d'ailleurs, qui proportionne toujours les moyens au but qu'il se propose, avait placé auprès de Mme de la Grandville deux nobles cœurs bien faits pour la comprendre. Loin de gémir sur sa pieuse prodigalité, M. le comte de la Grandville, son beau-père, se faisait un bonheur de l'aider et de l'encourager de ses dons. Dans une circonstance, on le vit même engager une partie de sa fortune pour assurer les débuts d'une œuvre importante, heureux de reconnaître ainsi le charme que sa pieuse et charitable belle-fille répandait sur ses derniers jours. Plus tard, M. le comte Léon de la Grandville, son fils, en a usé de même. Les grandes œuvres entreprises par sa femme, et auxquelles il a prêté le concours le plus généreux, ont été le bonheur et l'intérêt de son existence; et maintenant que la mort l'a séparé de son épouse bien-aimée, son unique consolation est de penser qu'il reste sur la terre pour continuer le bien qu'elle a fait.

Mme de la Grandville n'avait pas attendu jusqu'à cette heure pour donner la mesure de ce qu'elle oserait faire pour le bien. Dans les dernières années de la Restauration, bravant les passions populaires, si hostiles alors à toute idée de propagande religieuse, Mme de la Grandville ne craignit pas de prêter appui et de donner asile à une jeune fille protestante que ses parents voulaient contraindre à demeurer dans l'hérésie. L'opinion publique s'émut, un procès s'ensuivit ; Mme de la· Grandville dut comparaître devant les tribunaux, et ce ne fut qu'après de longs débats que la jeune convertie et sa courageuse protectrice obtinrent gain de cause. Durant le cours de ce procès, Mme de la Grandville, habituée à ne reculer devant aucune fatigue lorsque l'intérêt du bien le demandait, avait été solliciter à Paris l'appui du roi Charles X. Le roi l'avait accueilli avec tout l'intérêt que méritait une semblable cause ; mais religieux observateur des droits de la justice, il ne put accorder d'autre concours à la noble solliciteuse que le suffrage de son approbation.

Peu de temps après, la révolution de 1830 éclatait. Ce fut le deuil dans l'âme que Mme de la Grandville vit s'éloigner ces princes aimés de sa jeunesse, et dont, tout enfant encore, elle unissait dans ses prières les noms aux noms qui lui étaient les plus chers. Mais si, dans l'amertume de sa douleur, elle frémit pour la France, pourtant elle ne perdit pas courage. Avec cet instinct merveilleux, particulier aux âmes profondément religieuses, Mme de la Grandville comprit que des temps nouveaux commençaient : temps d'épreuve, où le bien ne trouverait plus d'appui qu'en lui-même ; temps de lutte, où si l'on ne pouvait espérer de vaincre, il était du moins indispensable de combattre. Sans plus tarder elle se mit à l'œuvre.

II

Avant la révolution, il existait au bourg de Loos, un antique pèlerinage connu sous le nom de Notre-Dame de Grâce. L'église avait été détruite, et sur ses ruines s'élevait une modeste chapelle. Animée d'une piété ardente envers la Mère de toutes grâces, Mme de la Grandville gémissait de l'abandon où demeurait ce sanctuaire. Mais chez la courageuse comtesse, la plainte n'était jamais longue : agir était sa vie. Bientôt les ouvriers furent à l'œuvre, et peu de temps après, l'antique église de Loos renaissait de ses ruines.

Les œuvres de Dieu portent en elles des semences de continuité. L'église de Loos n'avait pas encore reçu sa dernière pierre, qu'un grand nombre de villages des environs de Lille voyaient leurs antiques sanctuaires revêtir sous les mêmes auspices une jeunesse nouvelle. Bientôt après, la terrible épidémie de 1832 fit apparaître le dévouement de Mme de la Grandville sous un nouveau jour.

Le choléra, ravageant le nord de la France, vient de s'abattre sur le village de Beaucamps. Bravant le danger, Mme de la Grandville passe des journées entières auprès du lit des malades, leur prodigue les soins les plus touchants, et plus d'une fois les arrache à la mort. Le fléau redouble d'intensité ; comment suffire à tant de besoins? Avec cette rapidité d'action qui est le trait distinctif de son caractère, Mme de la Grandville achète une maison, la transforme en hospice, et appelle pour la desservir des sœurs de l'Enfant-Jésus. Enfin le fléau a cédé. L'hospice improvisé devient une maison d'école, et les bonnes sœurs instruisent les filles là où elles ont soigné les mères. Plus tard cette maison devint insuffisante : Mme de la Grandville construisit alors un élégant édifice plus approprié à sa destination; et au lendemain de la révolution de 1848, elle y adjoignit un pensionnat, où cinquante jeunes filles des campagnes recevront une éducation conforme à leur condition.

Depuis longtemps, d'ailleurs, l'importance de l'éducation chrétienne avait fixé son attention. Elève privilégiée de Mme Barat, ce fut à sa vénérable institutrice qu'elle confia la direction de sa première fondation. M. le comte de la Grandville, son beau-père, l'aida de sa charitable coopération, et la ville de Lille ne tarda pas à posséder une maison du Sacré-Cœur, devenue depuis un des établissements les plus importants de cette illustre congrégation.

Mais quel intérêt plus grand encore cette
femme si intelligente des besoins moraux de son
siècle ne devait-elle pas accorder à l'éducation
des hommes. Attentive avant tout aux intérêts
des populations qui l'entouraient, en 1842 elle
invita trois frères maristes à venir diriger l'école
du village de Beaucamps qu'elle avait fait cons-
truire. Ces leçons si simples et si chrétiennes
éveillent en elle de grandes pensées. Il faut que
les campagnes environnantes de Lille, il faut que
le département du Nord tout entier prennent leur
part du bien qui se fait à Beaucamps. De nouveaux
frères sont appelés, de nouveaux bâtiments s'é-
lèvent, et en peu d'années l'humble école est
devenue un vaste pensionnat, où plus de cent
soixante-dix élèves internes, appartenant à des
familles de cultivateurs aisés, reçoivent l'enseignement professionnel. Ce n'est pas encore assez.
En 1850, une immense chapelle est construite, de
nouvelles constructions se relient aux premières,
un noviciat de frères maristes contigu au pensionnat est établi, et bientôt, quittant cette pé-
pinière féconde, de nombreux religieux s'en iront
fonder en France, en Belgique, à Londres, en

Irlande, en Écosse [1], d'autres maisons de leur ordre, où se distribue maintenant à plus de *quinze mille* enfants le pain de l'instruction chrétienne. Voilà les merveilles que sait engendrer la Foi unie à la Charité.

Si, durant de longues années, le développement de cette œuvre importante nécessita de la part de la noble fondatrice les soins les plus vigilants, elle ne négligea pas pour cela des œuvres plus modestes. C'est ainsi qu'en 1839 nous la voyons fonder à Loos une école de filles. En 1841, c'est le tour du village de Prémesque, qui, peu d'années après, est doté en outre d'une maison de sœurs et d'un pensionnat. Mais tout cela n'est rien à côté des prodiges accomplis au hameau de Boisgrenier. M. le comte de la Grandville possédait en ce lieu une chapelle et une ancienne demeure seigneuriale depuis longtemps inhabitée. Privé de son centre naturel, ce hameau

[1] Dans cette dernière contrée un noviciat est établi afin de recruter des sujets parlant la langue anglaise. Le Souverain Pontife vient d'assigner le cap de Bonne-Espérance au labeur de ces zélés et courageux frères. Cet établissement, commencé avec trois frères, et qui en compte aujourd'hui trois cents, non compris cinquante novices, a été érigé dernièrement en province.

allait bientôt devenir désert. Ne pouvant vivifier par leur présence ce séjour presque abandonné, M. et Mme de la Grandville substituent à leur influence celle de leur charité. Par leurs soins le hameau de Boisgrenier est érigé en paroisse et en commune. Puis, grâce à l'inépuisable charité de ces infatigables bienfaiteurs, la chapelle devient une église paroissiale du plus beau style, et le château cédé à la commune est transformé à grands frais en un presbytère et en une maison d'école; enfin le don d'une école pour les filles complète cet ensemble, et ce hameau presque désert devient un village florissante.

Passons maintenant à des travaux d'un autre genre. Notre siècle, et c'est sa gloire, a eu plus que tout autre l'intelligence des misères humaines. La religion l'a guidé dans cette voie nouvelle et lui a appris un langage qui n'était point fait pour lui. De nos jours, il n'est plus de repentir qui ne trouve un asile. Comment Mme de la Grandville, cette âme si bien faite pour ressentir plus que toute autre ces grandes influences de miséricorde qui dans ce siècle traversent l'humanité, aurait-elle refusé son concours à l'œuvre du Bon-Pasteur? Habituée de bonne heure à prendre en tout l'initiative, en 1833, elle s'associe à des âmes généreuses, et après bien des efforts, et au prix de nombreux sacrifices, la maison du Bon-Pasteur de Lille est fondée. Plus tard, en 1839, cette maison ne suffisant pas, Mme de la Grandville, avec l'aide de ses seules ressources, fonde à Loos un nouveau refuge. Mais ce n'est pas assez que d'offrir un asile à ces infortunées, il faut subvenir à leur existence, car le vice les a déshabituées du travail. Durant de longues années cette œuvre évangélique est l'objet de la sollicitude constante de la généreuse comtesse, et lorsque sa charité épuisée mais non lassée ne pourra plus suffire, elle, si peu habituée à demander, ira quêter pour son pauvre Bon-Pasteur.

La charité de Mme de la Grandville était catholique dans la plus vaste acception du mot. Quelque éloignée que fût une misère, il lui suffisait de la connaître pour être tentée de la soulager. Un jour elle entend dire que les missions de l'Océanie languissent faute de missionnaires. Sans doute on ne peut suppléer au nombre; mais ne serait-il pas possible de multiplier les effets du zèle en les secondant? Sans s'effrayer de la dépense, Mme de la Grandville achète un navire aménagé tout exprès pour la navigation des parages périlleux de l'Océanie, et en fait don à Mgr Bataillon, évêque de ces régions lointaines. Désormais, grâce à ce généreux concours, les intérêts de la religion ne seront plus subordonnés à ceux du commerce, et les missionnaires de l'Océanie, libres de toute sujétion, pourront aller porter d'île en île le bienfait de la parole de Dieu.

Les nations idolâtres n'ont pas seules besoin de missionnaires. En France comme en Océanie, il faut l'exemple d'austères dévouements pour rappeler l'homme à ses hautes destinées. Mme de la Grandville ne l'ignorait pas. Aussi ne cessait-elle de pourvoir à l'éducation des jeunes gens pauvres qui manifestaient des tendances à l'état ecclésiastique. Combien de prêtres placés maintenant à la tête d'importantes paroisses lui doivent d'avoir pu suivre leur vocation! C'est dans cette même pensée qu'en 1843 M. le comte de la Grandville fit don aux RR. PP. Jésuites de Lille de la maison et du jardin occupés aujourd'hui par eux. Sur cet emplacement s'élève actuellement une belle chapelle, qui est devenue un des monuments les plus remarquables de la ville de Lille. Plus tard, M. et Mme de la Grandville adjoignirent à ce don une partie de leur hôtel, *voulant partager,* comme ils le disaient dans leur pieux langage, *leur maison avec le bon Dieu.*

C'était en 1858 que le navire donné par les généreux époux aux missions de l'Océanie partait pour sa destination lointaine. Cette même année devait marquer d'une manière non moins admirable dans la vie de la noble comtesse. Depuis longtemps elle regrettait de ne pouvoir étendre sur les populations ouvrières de Lille cet ascendant salutaire que tant de fois elle avait exercé dans l'intérêt des âmes, lorsqu'une circonstance fortuite vint lui en fournir l'occasion.

Les Conférences de Saint-Vincent de Paul avaient fondé à Lille deux patronages dont l'un avait succombé faute de ressources suffisantes. Cet événement fut pour Mme de la Grandville le trait de lumière. Ne voulant pas que ces jeunes ouvriers, qui connaissaient déjà les douceurs de la fraternité chrétienne, fussent rendus à l'influence délétère de l'isolement, sur les ruines du modeste asile qui venait de se fermer, elle résolut de fonder une œuvre immense, dernier couronnement d'une vie consacrée sans relâche au dévouement et à la charité. Ne reculant devant aucun sacrifice, elle achète l'ancien hôtel des monnaies; on démolit en partie les anciens bâtiments, et bientôt sur ce vaste emplacement, s'élève un magnifique édifice. Mme de la Grandville y fait établir des salles d'études et de récréations, une salle d'exercices, une vaste chapelle, et après dix-huit mois d'attente, elle ouvre les portes de ce grand patronage exceptionnel aux protégés de sa charité.

Là, chaque soir, près de cinq cents jeunes gens, divisés, selon leur âge, en diverses catégories, reçoivent, sous la direction des Frères de la Doctrine chrétienne, une instruction complémentaire appropriée à leur condition. Le dimanche après avoir entendu la messe, ils se délassent, au moyen de distractions honnêtes et variées, des rudes labeurs de la semaine. Puis, quand vient le temps de Pâques, des voix élo- quentes, leur rappelant leurs fins dernières, raffermissent leur foi, les consolent de leurs misères, et les préparent à accomplir le grand acte par excellence de l'année du chrétien.

Leurs intérêts matériels n'ont point été négligés. Une caisse de prévoyance confiée à une direction consciencieuse et intelligente s'offre pour recevoir leurs modestes épargnes, qui leur sont rendues avec usure aux jours de l'épreuve ou de la maladie. Enfin, ceux qui aiment à utiliser leurs loisirs trouvent au Patronage une biblothèque des plus variées, utile préservatif contre le ¡danger des mauvaises lectures.

Plusieurs fois nous avons visité ce magnifique établissement, plusieurs fois nous avons admiré ses proportions grandioses, noble reflet de la pensée qui l'a conçu. Nous l'avons parcouru dans tous les sens, visité dans tous ses détails, et partout nous avons constaté la plus stricte simplicité unie à la tenue la plus rigoureuse. Nulle part nous n'avons vu trace de ce luxe de mauvais goût si familier aux lieux de réunion populaire. Au Patronage de Lille tout est grand, tout est simple, tout est noble. Sans doute une institution aussi nouvelle et aussi importante ne pouvait naître sans défauts. Chaque année d'existence apportera son expérience et par là même un perfectionnement. Mais tel que nous le connaissons, le Patronage de Lille répond déjà entièrement au but que se proposait sa pieuse fondatrice. Il préserve les jeunes apprentis du danger des mauvais exemples; il leur offre pour les heures de loisir les distractions nécessaires à leur âge, et les met ainsi à l'abri des occasions de perdition. Au sortir du Patronage, bien loin de rapporter sous le toit paternel le dédain de sa famille et l'amour du plaisir, le jeune ouvrier, plus éclairé sur ses véritables devoirs, y apporte une résignation plus soumise à la destinée que la Providence lui a faite, et exerce peu à peu sur les siens cet ascendant salutaire que la religion assure à qui se pénètre de ses principes. Telle a été la dernière œuvre dûe à la généreuse initiative de Mme de la Grandville. Mais si fatigué de créer, son esprit parut depuis lors aspirer au repos, sa charité et sa foi n'en demeurèrent pas moins active. L'église de Beaucamps menaçait ruine, il fallait songer à une reconstruction. La commune, épuisée de ressources, ne pouvait suffire à une semblable dépense. Cette fois encore les habitants recoururent à leurs bienfaiteurs habituels, et deux années après, grâce à la munificence de M. et de Mme de la Granville, un édifice simple et majestueux recouvrait le caveau séculaire où la noble comtesse devait trop tôt hélas! aller dormir son dernier sommeil.

III

Nous venons de retracer, trop imparfaitement sans doute les grandes œuvres de charité que Mme la comtesse de la Grandville a accomplies avec l'aide de son charitable époux. Il nous reste maintenant à la faire connaître d'une manière plus intime. De même que tous les esprits supérieurs, Mme de la Grandville ne s'absorbait jamais en une seule pensée. Son action était multiple. Au milieu de ses grandes entreprises, en proie souvent à de graves préoccupations, elle n'en gardait pas moins son intelligence ouverte aux travaux de l'esprit, et son cœur à toutes les affections de la famille.

Jamais d'ailleurs aucune existence ne fut plus conséquente avec elle-même. Heureuse nature qui eut si peu à s'amender, que les tendances de son enfance purent rester celles de toute sa vie. Nous l'avons vue à vingt ans tressaillir d'enthousiasme au retour des Bourbons, et plus tard suivre de ses regrets les plus amers le départ de ces princes bien-aimés. Maintenant, elle qui s'éclipsa aux jours de la splendeur, nous la retrouvons hôte assidue de Belgrave-Square, de Frohsdorf, de Wiesbaden et d'Arnheim, fidèle aux rendez-vous donnés par l'exil à la fidélité.

Mais si son dévouement lui en faisait un devoir, son cœur lui en faisait un attrait, car les grandes âmes se devinent, et Mme de la Grandville savait que nulle part ses œuvres ne rencontraient plus de sympathie qu'auprès de ce Prince si clairvoyant appréciateur des nobles sentiments et du véritable mérite. Là elle oubliait volontiers les dédaigneuses critiques d'un monde qui accable l'héroïsme de railleries 'pour se venger de ne pouvoir y atteindre. Heureuse d'avoir été comprise, fortifiée par les grands exemples qu'elle avait eus sous les yeux, elle revenait, animée d'un nouveau zèle, tenter de nouvelles entreprises.

Ces pèlerinages aux lieux consacrés par le malheur, et quelques voyages en Vendée, pays héroïque qui semblait être la patrie de son âme, furent ses uniques distractions durant les longues années qu'elle consacra au soulagement des malheureux.

Nous l'avons dit, cette âme si généreuse joignait au culte du malheur et à la pratique de la plus admirable charité un tendre amour pour sa famille. Le passé avec son désintéressement, son oubli de soi, sa préoccupation des autres, revivait tout entier dans son cœur. Bien éloignée de ce culte de soi-même, qui, chez nous, a presque anéanti l'esprit de famille, elle avait la plus affectueuse sollicitude pour tous ceux qui lui tenaient de près. De bonne heure son intelligence et sa bonté l'avaient rendue le véritable centre de sà famille. Plus tard, demeurée la dernière de sa génération, elle avait vu disparaître successivement ses sœurs et ses frères, et parmi ces derniers, le marquis de Beauffort, cet homme d'une intelligence si active, d'un esprit si lumineux, et qui, au début de ce siècle sans foi, fut un des premiers à prouver par ses œuvres que les sentiment ses plus chrétiens peuvent s'allier aux plus nobles talents.

N'ayant jamais connu les joies de la maternité, Mme de la Grandville avait reporté sur les enfants de ses frères et sœurs tous les trésors de sa tendresse. Elle aimait à les réunir autour d'elle au château de Beaucamps. L'hospitalité y était franche et simple, digne et maternelle; on s'y sentait aimé! Se faisant toute à tous, Mme de la Grandville s'arrachait sans peine à ses nombreuses occupations pour se donner tout entière à ses hôtes. Enjouée avec les uns, sérieuse avec les autres, aimable pour tous, elle savait tenir à chacun son langage, sans faire abstraction de ses principes ni de sa dignité. Mais si elle avait de gracieuses paroles pour les heureux de ce monde, que ne savait-elle pas être pour les cœurs affligés! Que de douleurs elle a calmés! que d'âmes abattues elle a relevées! à combien de cœurs brisés elle a rendu la paix!

Attirée par l'infortune, comme d'autres par la prospérité, s'il y avait un être faible à soutenir, une injustice à réparer, on la voyait, elle d'ordinaire si douce et si bonne, déployer un courage et une énergie invincibles. S'appuyant de l'autorité que lui donnaient son caractère et ses vertus, elle agissait alors avec une activité telle, qu'elle semblait n'avait plus d'autre intérêt ni d'autre pensée. Aucun obstacle ne l'arrêtait, aucun sacrifice ne lui coûtait, et comme elle ne soutenait jamais que des causes justes, elle ne tardait pas à triompher.

Le monde, qui n'est pas habitué à rencontrer de tels dévouements, se demandait parfois où Mme de la Grandville puisait cet oubli d'elle-même, ce dédain des petits calculs, cet héroïsme chevaleresque enfin, si étranger à notre temps. Sans doute Dieu avait déversé en elle ses dons les plus précieux; mais quelle que soit la force des vertus innées, notre triste nature ne retient toujours que trop du limon dont nous sommes sortis, si un appui divin ne vient nous aider à triompher de nous-mêmes. Profondément pieuse, c'était aux pieds du crucifix qu'elle avait appris de bonne heure à diriger vers le bien son attrait naturel pour tout ce qui était noble et grand. C'était là qu'elle cherchait un refuge aux heures de tristesse et de découragement, là enfin qu'elle s'instruisait à se dépouiller assez d'elle-même pour n'avoir plus d'autre souci que les intérêts du Ciel et les souffrances des malheureux.

Où donc, se demandait-on encore, Mme de la Grandville trouvait-elle les trésors nécessaires pour secourir tant d'infortunes, pour fonder et soutenir tant d'œuvres importantes? Ce serait manquer de respect à cette sainte mémoire que de dévoiler ici les détails de ces mystères de charité qu'elle eût voulu se dérober à elle-même. Contentons-nous de soulever le voile dont elle les recouvrait, en montrant par quels prodiges d'abnégation et de pauvreté volontaires Mme de la Grandville parvenait à réaliser de si grandes choses.

Les ressources considérables [1] qu'elle devait à la libéralité de son beau-père et à la généreuse condescendance de son mari n'auraient pu suf-

---

[1] Toutes les œuvres de Mme de la Grandville, sauf le grand Patronage de Lille, ont été fondées sur ses revenus.

fire, si une sévère économie ne les eût en quelque sorte doublées. Faisant trois parts de ses revenus, la généreuse comtesse distribuait la plus considérable en aumônes de tous genres, consacrait la seconde au soutien de ses œuvres, et réservait la troisième, très-inférieure aux deux autres, à l'entretien de sa maison. Généreuse envers les siens, mais parcimonieuse à l'excès pour elle-même, on la voyait souvent, durant les longues soirées d'hiver, se priver de bois et de lumière, afin d'augmenter d'autant le budget des pauvres. Et si quelque amitié bienveillante s'étonnait de pareilles privations, bien vite elle alléguait de prétendues exigences de santé, tandis que ces exigences étaient celles de son cœur compatissant, qui s'attristait de vivre dans l'abondance tandis que d'autres souffraient du froid et de la faim. Puis, lorsqu'à bout de ressources, elle ne savait plus comment satisfaire aux besoins de ses pauvres, on la voyait, résistant aux supplications de ses serviteurs les plus dévoués, se faire pauvre comme les pauvres et choisir ses vêtements d'hiver parmi ceux qu'elle leur destinait.

Voilà comment elle a pu suffire à bâtir ou réédifier tant d'églises, à établir tant d'écoles, à fonder tant d'œuvres admirables. Voilà comment elle est parvenue à sécher tant de larmes, à soulager tant d'infortunes, et à enlever enfin, dans tous les rangs de la société, tant de familles à la misère et à l'abjection.

Mme de la Grandville a-t-elle rencontré en ce monde la récompense de tant de bienfaits? Non sans doute. Trop souvent d'indignes tromperies abusèrent de sa noble candeur, trop souvent de cruelles déceptions, de noires ingratitudes payèrent de [nombreux bienfaits. Mais quoique son cœur souffrît cruellement, rarement la plainte monta jusqu'à ses lèvres, et jamais elle ne se repentit du bien qu'elle avait fait.

Hélas! pourquoi de telles vertus ne sont-elles pas immortelles? pourquoi devons-nous mêler à notre admiration de tristes regrets? A travers cette longue suite de dévouements et de sacrifices, nous voici arrivés au terme de cette noble existence. La fondation du grand Patronage de Lille semblait avoir épuisé les restes de cette infatigable énergie. Depuis lors, devenue moins active, Mme de la Grandville semblait se recueillir avant d'entrer dans le repos éternel. Dès le commencement de l'année 1865, sentant ses forces décliner, elle se plaignait de n'être plus elle-même. Au mois de mai, étant allée recevoir, à Beaucamps, Mgr l'archevêque de Cambrai, elle ressentit les premières atteintes de la maladie qui devait bientôt l'enlever. Elle revint à Lille, une pleurésie se déclara et ne tarda pas à dégénérer en hydropisie de poitrine. Alors commença une longue agonie entremêlée de quelques lueurs d'espérance. Pensant que l'air de la campagne rendrait quelque force à leur malade, les médecins profitèrent d'un moment d'amélioration pour la faire transporter à Beaucamps. Mais ces espérances furent vaines, et ce voyage n'eut d'autre résultat que de permettre à la pieuse comtesse de sanctifier par sa mort les lieux qu'elle avait habités si longtemps.

Vers la fin de juillet, les souffrances devinrent plus vives, et dès lors il n'y eut plus d'espoir. Détachée de toute préoccupation terrestre, Mme de la Grandville ne sembla plus appartenir qu'à Dieu. Durant ses longues insomnies, elle ne cessait de se recommander à la Miséricorde divine et d'appeler les bénédictions du ciel sur celui qu'elle allait laisser isolé sur la terre. Au milieu de cruelles angoisses, jamais une plainte ne sortit de sa bouche, et toujours oublieuse d'elle-même, toujours occupée de ceux qui l'entouraient, elle semblait n'avoir d'autre souci que de diminuer leurs fatigues en modérant leur zèle.

La Providence fut compatissante envers celle qui avait séché tant de larmes. Durant cette cruelle maladie, les siens et plusieurs de ceux qu'elle avait aimés lui prodiguèrent des marques touchantes de leur sollicitude. Dans les derniers jours, des satisfactions d'un autre genre, mais non moins douces à son cœur, lui furent accordées. Enfant dévouée de l'Eglise, elle avait pris un intérêt filial à la détresse du Saint-Père, et naguère elle lui en avait donné, par l'entremise de l'un des siens, de généreux et touchants témoignages. Se sentant approcher de sa fin, elle sollicita la faveur de recevoir la bénédiction pontificale, consolation qui lui fut aussitôt accordée. Sur ces entrefaites, ce Prince auguste,

si noblement affectueux pour ses fidèles serviteurs,
ce Prince qu'elle avait entouré de tant d'hommages, lui faisait parvenir l'expression de sa douloureuse sympathie. Il ne lui restait plus qu'à mourir!

Dès le commencement de sa maladie, Mme de la Grandville avait reçu le sacrement de l'extrême-onction, et depuis lors elle s'était nourrie presque chaque jour du Pain eucharistique. Fortifiée par cette divine nourriture, consolée jusqu'au dernier moment par l'affection des siens, douce et patiente envers la mort, comme toujours elle l'avait été envers tous, elle s'éteignit doucement, le 6 septembre 1865, à six heures du matin, entre les bras du témoin le plus dévoué de ses longues souffrances.

Nous n'essaierons point de dépeindre la douleur du fidèle compagnon de cette féconde existence, les regrets de ces serviteurs habitués à voir en Mme de la Grandville une mère plutôt qu'un maître, le vide enfin de cette demeure d'où sa mort semblait avoir banni la vie. Que ceux qui ont vu disparaître les êtres qui faisaient le charme et le bonheur de leur existence se réprésentent cette journée fatale! Leur souvenir suppléera à l'insuffisance de nos paroles.

Quelques jours après, une foule nombreuse, appartenant à tous les rangs de la société, accompagnait jusqu'à l'église de Beaucamps, dernier monument de cette infatigable charité, les restes mortels de la bienfaitrice du nord de la France.

C'est sur cette tombe vénérée que nous déposons ces lignes, faible et dernier hommage rendu à une mémoire qui nous est chère. Heureux si quelque imparfaites qu'elles soient, elles ravivent le souvenir de Mme la comtesse de la Grandville dans le cœur de ceux qu'elle a aimés! plus heureux encore, si elles les portent à imiter ses vertus!

— LILLE. TYP. J. LEFORT. MDCCCLXVII —

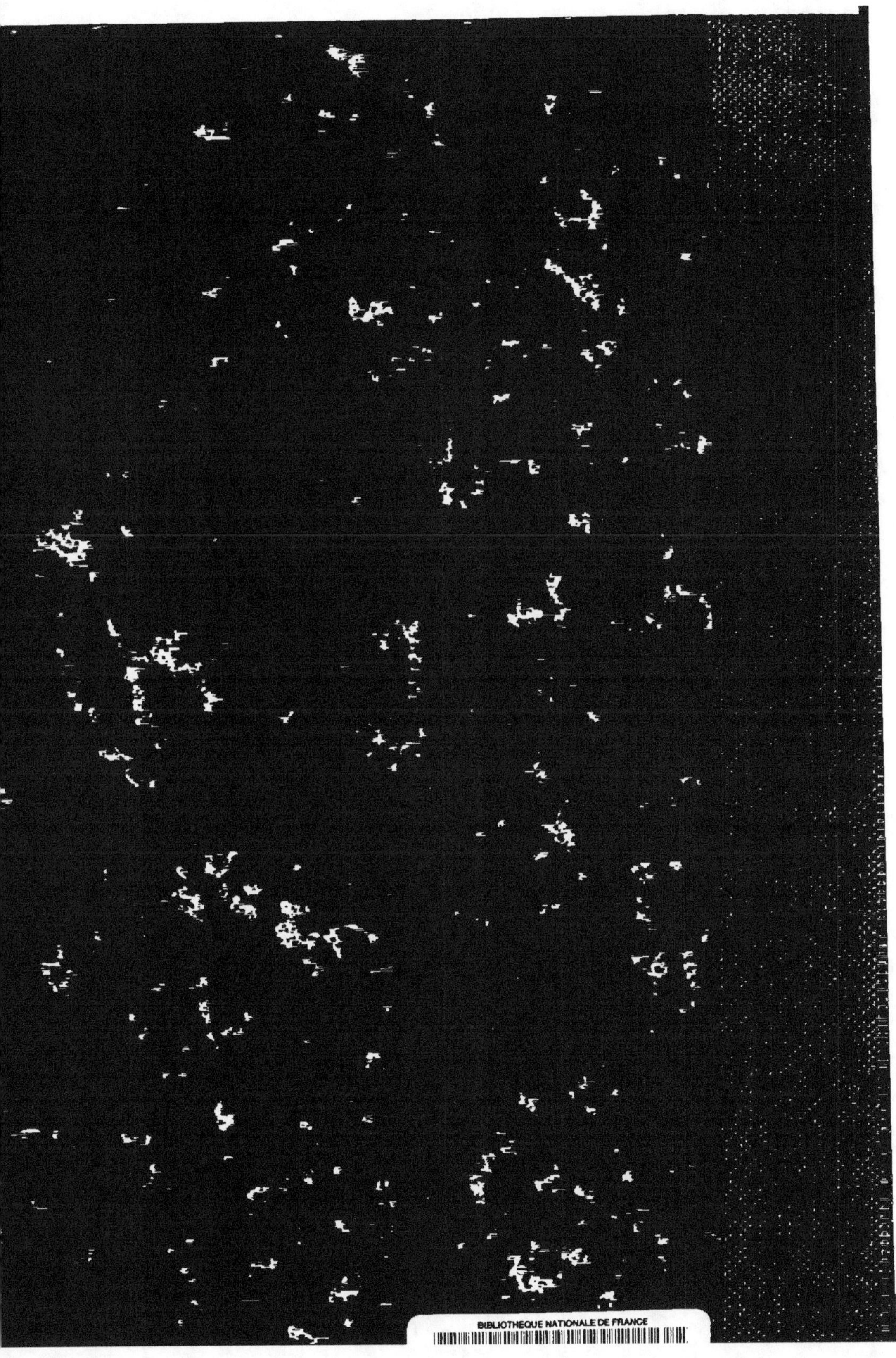